ANTONIO F. SASTRE

Prompt Eng

"La única guía hecha por expertos para no expertos que en menos de una hora te permitirá conocer los secretos de la Ingeniería de Prompt para generar imágenes pro con IA."

ISBN: 9798392831364

Dedicatoria

Para mi amada esposa y mi querida madre quienes son mi mayor fuente de inspiración y apoyo en todo lo que hago.

Este libro es dedicado a ustedes, quienes me han impulsado a perseguir mis sueños y me han enseñado el valor de la perseverancia y la determinación.

Gracias por su amor incondicional y por ser las luces en mi vida. Las amo con todo mi corazón.

Contenido

Agradecimientos

Quiero expresar mi profundo agradecimiento a Dios por darme la oportunidad de escribir este libro y por guiarme en cada paso del camino. Agradezco su amor, su gracia y su misericordia, que han sido mi fuente de fortaleza en todo momento.

Pero en especial te agradezco a ti amigo lector, por confiar en mí y dedicar una parte tu valioso tiempo y esfuerzo a la lectura de estas páginas. Espero que este libro sea de gran ayuda para ti y que en el hayas encontrado las herramientas necesarias para cumplir cualquiera que sea la meta que te haz propuesto alcanzar.

Que Dios te bendiga y te conceda la sabiduría y el conocimiento necesarios para seguir adelante en tu camino de aprendizaje y crecimiento personal. Gracias.

Introduccion

La inteligencia artificial (IA) ha revolucionado muchos aspectos de nuestra vida, desde la forma en que trabajamos y nos comunicamos hasta la manera en que nos entretenemos y aprendemos. Pero en particular, la IA ha tenido un gran impacto en la industria creativa, permitiendo la generación de imágenes, música, video y otros contenidos de formas que antes eran impensables.

En este libro nos centraremos en uno de los aspectos más fascinantes de la IA, nos referimos a la comprensión y diseño de "Prompt" orientados a la creación de imágenes profesionales, únicas y de alto impacto.

De ahí que en los siguientes capítulos, nuestra intención sea mostrarte como puedes ir de 0 a Nivel Dios en la creación de "Prompts" para la generación de imágenes con IA, incluso si no tienes experiencia.

Para asegurar tu exito hemos preparado una guía paso a paso en la cual te revelaremos todos los recursos, secretos y estrategias que necesitas dominar para iniciarte en la ingeniería de prompt.

Además incluimos ejemplos practicos, esquemas de construcción de prompt y muchos otros recursos con los que podrás comenzar a trabajar y experimentar con total libertad desde el minuto cero, y que sin lugar a dudas facilitaran mucho las cosas para ti.

Nuestra misión es que para cuando hayas llegado al final de este libro, seas capaz de romper los límites de tu propia imaginación creativa, generando imágenes únicas y extraordinarias que sorprendan a todos.

Esperamos que este libro contribuya a tu crecimientpo personal y profesional, inspirandote a explorar las posibilidades ilimitadas que ofrece la IA y a descubrir nuevas formas de expresión creativa. ¡Acompáñanos en este viaje emocionante hacia el futuro¡.

¡Este puede ser el primer paso para iniciar el cambio que deseas en el mundo!.

CAPITULO I

Todo lo que debes saber sobre Prompts.

¿Qué es un Prompt?

En términos simples, los prompt son el lenguaje a través del cual comunicamos a la IA lo que necesitamos que haga por nosotros.

Un "Prompt" puede ser una frase, una imagen e incluso un emoji, que dependiendo del modelo de IA que estemos usando puede ser interpretado por este para producir texto, imágenes, videos, música, copia para publicidad e incluso el código para desarrollar aplicaciones.

Prompt de Ejemplo: intricate pencil sketch mugshot of an biker in a leather jacket, about 50 years old, with a weather-beaten face, Tom Bagshaw, Zdzislaw Beksinski, Yoshitaka Amano, Raffaello Ossola, Martin Wittfooth, Luigi Spano, Vladimir Kush, stunning interpretive visual

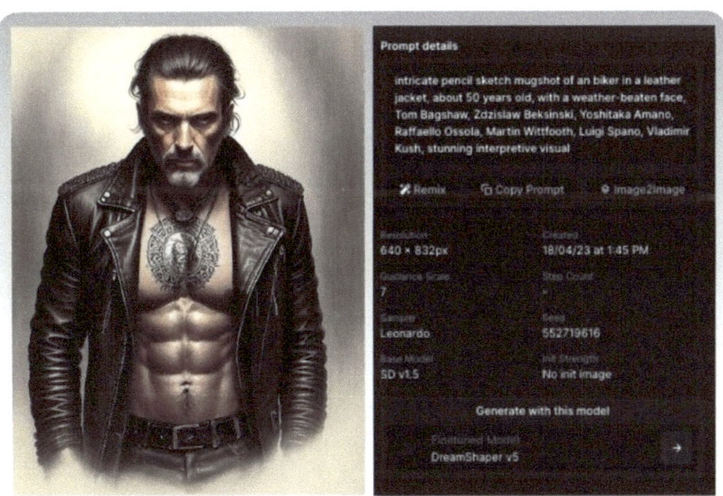

Los Prompt también se utilizan para entrenar modelos de IA en la realización de tareas específicas. Lo que los convierte en un elemento clave en el proceso de evolución de la IA hacia una etapa superior de desarrollo cuyo fin es permitirnos conseguir mejores resultados con el mínimo esfuerzo posible.

¿Como funciona?

Ya que en este libro solo nos interesan la generación de imagenes a partir de IA, para comprender el funcionamiento de un Prompt tomaremos como ejemplo lo que sucede en los modelos generativos de IA especializados en la creación de imágenes.

Cuando escribes un prompt de texto en modelos generativos de IA como Midjourney o Leonardo, estos dividen las palabras y frases del prompt en partes más pequeñas, llamadas tokens, lo cual les permite acceder rápidamente a los datos que han almacenado y en los que han sido entrenados para generar imágenes.

¿Cuántos tipos de Prompts existen?

Existe una gran variedad de Prompt. Sin embargo, aquí vamos a mencionar solo los más utilizados a la hora de crear imágenes con IA.

1. **Prompt de texto:** este tipo de indicación utiliza texto para describir la imagen que se va a crear. Por ejemplo, si desea generar una imagen de un coche, puede proporcionar una descripción textual del coche conde incluyas el modelo, color y el lugar donde se encuentra el coche.

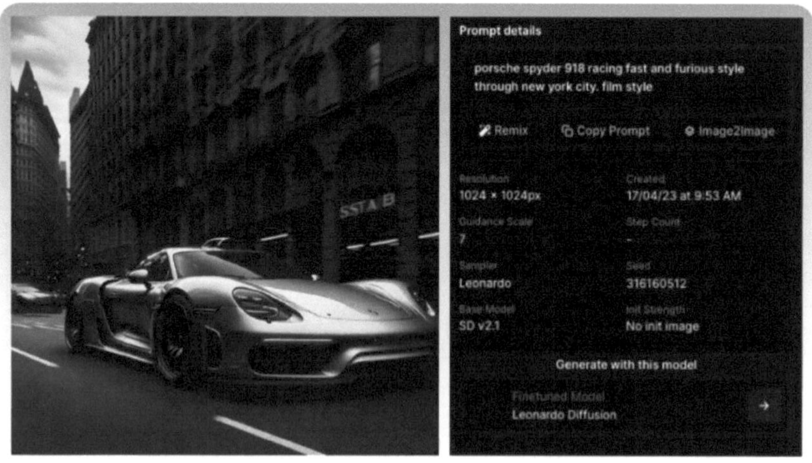

2. **Prompt de Imagen:** Utiliza una imagen como modelo para la generación de una nueva o varias variantes de la misma imagen. También sirve para entrenar a la IA, pero esto precisa de un conocimiento más avanzado.

3. **Prompt Negativo:** Se utilizan para incluir la restricción de ciertos colores, estilos y formas o elementos en la imagen generada, o la especificación de ciertas características que no deberían aparecer en la imagen generada. Esta es una forma de controlar el resultado final en la generación de imágenes utilizando texto.

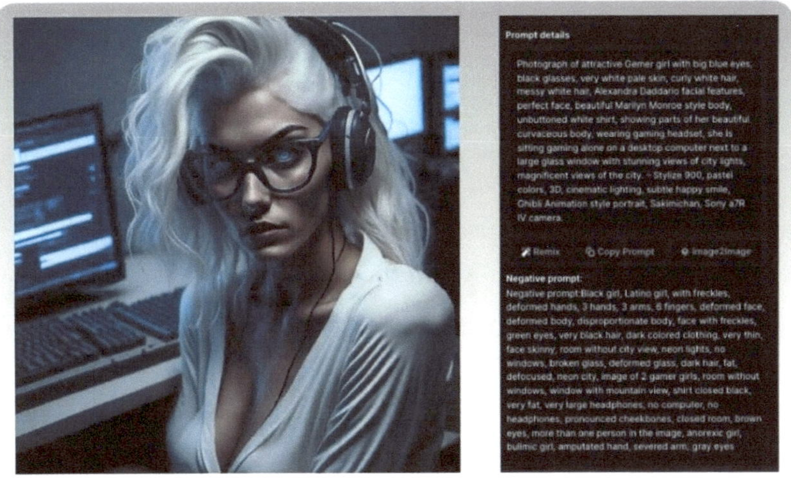

En el Capítulo III hablaremos más a detalle sobre los Prompt e indicaciones negativas.

Tipos de Imágenes que se pueden crear con IA.

En realidad los tipos de imágenes que puedes crear con la ayuda de modelos de IA son ilimitados como veremos a lo largo de este libro.

¿Qué debes tener en cuenta para crear Prompts efectivos?

Lo primero es tener una idea clara de lo que quieres generar. Para lo cual es de mucha ayuda hacer y responder preguntas como:

¿Cuál será el tema o quién será el protagonista de tu obra?

- ¿un producto?,
- ¿un animal?,
- ¿una persona?.

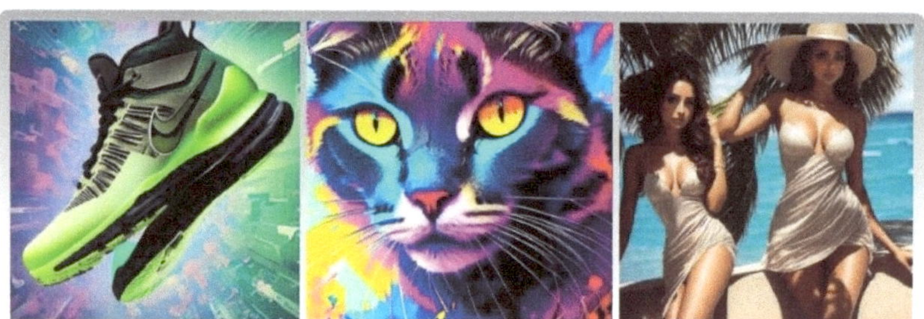

¿Qué momento o acción quieres capturar en tu obra?

- ¿Un hermoso atardecer?,
- ¿dos amantes en la playa?,
- ¿Un combate?.

¿Cuál será el entorno?

- ¿Un bosque?.
- ¿un café de París?.
- ¿Luna?.

Una vez que tengas muy claro lo que quieres crear, entonces debes asegurarte de proporcionar a la IA la mayor cantidad de información posible, evitando ambigüedades, metáforas o dobles sentidos para que esta pueda entender claramente lo que necesitamos crear.

Por ejemplo: Si deseamos generar la imagen de un perro debemos darle a la IA un contexto objetivo, utilizando palabras y términos o referencias muy precisas. No es lo mismo pedir una imagen de "un perro" (primera imagen), que la imagen de "pitbull americano blanco sentado sobre la hierba verde junto a un lago". (segunda imagen).

El hecho de hacer y responder estas preguntas nos lleva a otro factor clave para construir prompt verdaderamente efectivos. Se trata de construir nuestros prompts siguiendo una secuencia ordenada de acciones, como describimos a continuación.

[¿Quién o qué?] [¿Qué hace?] [¿Dónde?]

Un ejemplo sería:

[¿Quién o qué?] Conejo blanco [Qué hace?] sentado en una roca [Dónde] en medio de un lago.

Es importante entender que cuanta menos información de valor proporcionemos a la IA, peor será el resultado que obtendremos.

Sin embargo, también debes saber que con indicaciones excesivamente largas tampoco se consiguen buenos resultados. Por lo tanto, recomendamos el uso de palabras clave y de sinónimos muy precisos, tal y como vimos en el ejemplo anterior.

Nota: En el capítulo V encontrarás más información sobre el uso de las "Palabras Clave" en la generación de imágenes.

Acerca de la gramática en los Prompts

Aunque los modelos de IA como Midjourney usan dos puntos (::) en sus prompt para separar dos o más conceptos en una sola oración y asignarles diferentes pesos o importancia. Debe saber que en general, los modelos actuales de IA no entienden la gramática como los humanos.

Por este motivo, las letras mayúsculas, comas, guiones, paréntesis y puntos que habitualmente usamos para organizar nuestras ideas, carecen de sentido para la IA y a menudo solamente consiguen confundirla, trayendo como resultado imágenes muy abstractas, o que simplemente no se ajustan a lo ordenado en el Prompt.

A continuación te muestro dos imágenes creadas con Leonardo.Ai utilizando el mismo prompt, solo que en una de ellas, en la segunda imagen, omitimos las comas, punto y paréntesis.

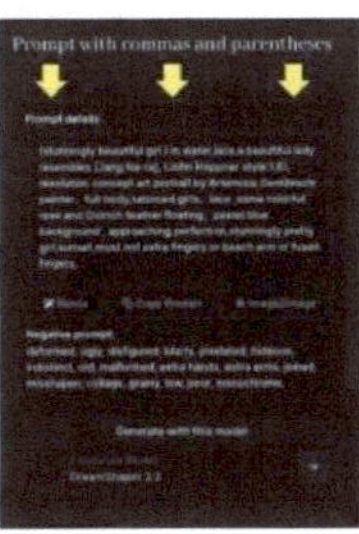

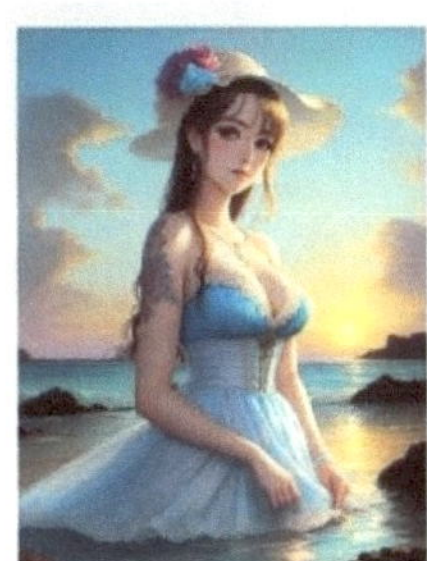

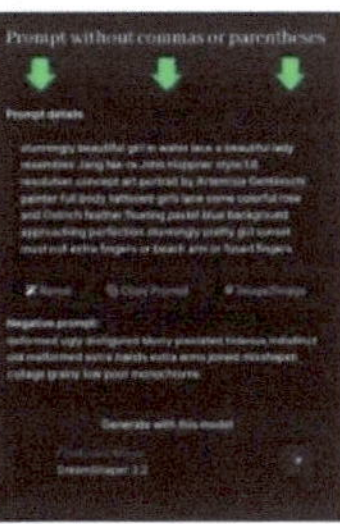

Si comparamos el resultado final, podemos decir que la segunda imagen, donde omitimos, comas, puntos, etc, se acerca mucho más a lo planteado en el prompt, e incluso que su calidad es muy superior al de la primera imagen generada, donde no hubo omisiones.

En mi experiencia, más que puntos, comas y paréntesis, lo único que garantiza que la IA genere los resultados que buscamos es, como ya hemos dicho, el empleo de palabras clave y sinónimos muy precisos.

No obstante, considerando que estos modelos están siendo permanentemente entrenados con lenguaje natural, no descartamos que en un futuro próximo estos puedan interpretar y utilizar nuestras reglas gramaticales. Por lo que te invito a no dejar de probar y de experimentar todo lo que creas que puede funcionar. No será la primera ni la última vez, que las cosas que para algunos no funcionaron, a otros en cambio les permitieron conseguir resultados extraordinarios..

Sobre el uso de Plurales.

Cuando se trata de usar plurales y cantidades, también es mejor ser lo más específico posible. Decir "tres guerreros vikingos" es mejor que "guerreros vikingos".

También debes omitir el uso de palabras que creas que no aportan nada. Como por ejemplo, en lugar de "Quiero una foto de unos guerreros vikingos", será un poco más preciso con "foto de tres guerreros vikingos".

Otra cosa que debes tomar en cuanta es que cuando desees resaltar la cualidad o el aspecto de algo será mejor que utilices términos que consigan transmitir a la IA lo que tratas de expresar.

Ejemplo: En lugar de usar "grande", si quieres referirte a algo especialmente grande, mejor sera usar el término "gigantesco", "enorme" o "inmenso".

Resumen del Capítulo.

Un Prompt puede ser una palabra, frase o incluso una image que nos permite generar una imagen, texto o video utilizando aplicaciones de inteligencia artificial.

Al crear un Prompt, es importante proporcionar la mayor cantidad de información posible a la IA, para que esta pueda comprender claramente lo que se debe crear.

Recuerda evitar el uso de palabras ambiguas, metáforicas o con dobles sentidos, así como descripciones demasiado corta o demasiado larga, ya que esto puede generar resultados no deseados, o incluso confundir a la IA.

Concéntrete en usar sinónimos más específicos, eliminando palabras que no agregan nada y manteniendo una secuencia ordenada de acciones como: **[Quién] [Qué hace] [Dónde]**

En conclusión, para obtener los mejores resultados al usar indicaciones de IA, es importante ser claro y específico al describir lo que se necesita, evitar la ambigüedad y crear secuencias ordenadas de acciones utilizando palabras y sinónimos muy precisos.

CAPITULO II
Estructura básica de un Prompt.

En el capítulo anterior aprendimos que para empezar debes tener muy claro lo que quieres crear y luego, debes asegurarte de construir tu prompt siguiendo una secuencia ordenada de acciones del tipo **[¿Quién o qué?] [Qué hace] [Dónde]** estructurada con la ayuda de palabras y sinónimos muy específicos que te permitan describir con la mayor precisión posible lo que deseas crear.

En este capítulo veremos como de una manera muy sencilla, integramos estos conceptos con los formatos y modificadores de estilo para obtener lo que sería la estructura básica de un prompt.

Nota: En el próximo capítulo hablaremos más en profundidad sobre los modificadores y su función dentro del prompt.

Sin más protocolos te presento la estructura básica de un aviso.

1. **Formato**
2. **Contenido**
3. **Estilo.**

Aunque parezca demasiado simple, esta estructura es la misma que utilizan la mayoría de profesionales en sus prompt y es la responsable de que las imágenes generadas por la IA consigan superar muchas veces nuestras expectativas, devolviendo trabajos con una calidad y un nivel de detalle realmente extraordinarios.

Pero seguro que te estás preguntando, ¿Cómo se integran con esta estructura los conceptos vistos en el capítulo anterior?

Pues bien, a continuación te explico cada apartado de esta estructura para que lo entiendas perfectamente.

1. **Formato.** Aquí nos referimos a cómo quieres presentar tu trabajo. Como Retrato, fotografía, escultura, pintura, ilustración, grafiti, tapiz, grabado, valla publicitaria, dibujo, logotipo, ilustración, cartel de cine, valla publicitaria, caricatura, revista de moda, The New York Times, o simplemente como imagen. Puedes elegir el formato que quieras. Las posibilidades son ilimitadas.

2. **Contenido.** El contenido es el elemento más importante de tu solicitud, ya que define lo que quieres ver. Este apartado está compuesto por dos elementos denominados "Figura Principal" y "Contexto" donde se integra el concepto [¿Quién o qué?] [¿Qué hace?] [¿Dónde?] como veremos a continuación.

   - Figura principal. **[¿Quién o qué?]** ¿Suena familiar? Efecto, aquí es donde se define quién o qué será el protagonista de la obra, y como vimos en el capítulo anterior puede ser cualquier cosa, desde una persona, un animal, un objeto, un lugar, entre otros. Es importante que seas claro y conciso para que el modelo pueda entender exactamente lo que se le pide.

   - Contexto. **[¿Qué hace?] [¿Dónde?]** Si como imaginas, este apartado del contenido define la acción, el entorno que rodea a la figura principal, e incluso el tiempo en el que quieres ambientar tu obra. Aquí tu nuevamente tu imaginación es el límite.

3. **Estilo.** Este elemento es la clave para generar imágenes brutales. Aquí nos referimos, por ejemplo, al estilo de:

   - **Artista** (Estilo de un artista o pintor famoso como Van Gogh, Dali o Picasso).
   - **Técnica** (acuarela, óleo, acrílico, arte digital, graffiti, carboncillo, lápiz, 3D, estilo retro vector).
   - **Época** (Medieval, Renacimiento, Futurista, XIX, XX).
   - **Movimiento de arte** (impresionista, renacentista, cubismo, arte pop, anime, anime ecchi, arte digital, abstracto, minimalista, barroco, cartel de estilo pin-up retro).
   - **Empresas** (Disney, Pixar, Marvel, DC).
   - **Material** (Roca, Mármol, Madera, Hierro, Bronce).

Nota: En el capítulo V encontrarás un listado completo de Formatos, tipos de Iluminación y Estilos que podrás utilizar en tus trabajos.
Ahora veamos una imagen creada siguiendo esta estructura:

Prompt de Ejemplo: **Formato** [Retrato] **Contenido** [[¿Quién o qué?] Oso pardo con gafas [¿Qué hace?] Escribir en una computadora de escritorio [¿Dónde?] en una habitación de hotel, junto a una ventana con vista a las luces de la ciudad] **Estilo** [Retrato estilo animación Ghibli]

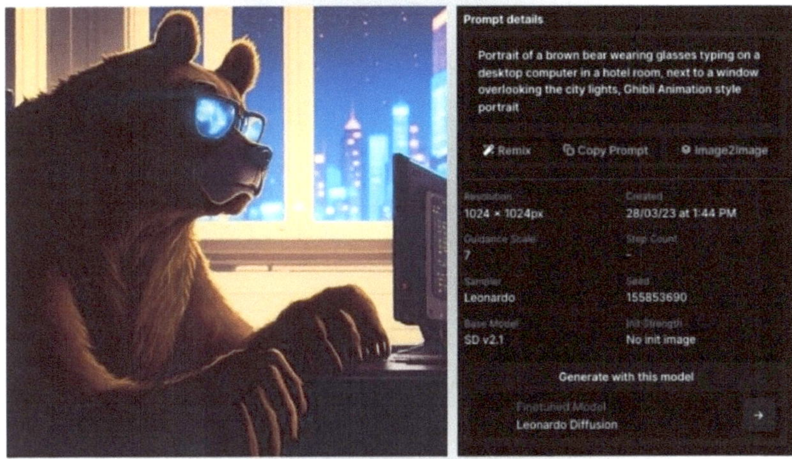

Como ves, una estructura sencilla, fácil de crear y capaz de generar un muy buen resultado, pero no excelente. Y para que entiendas lo que digo, a continuación te muestro como si podemos un resultado excelente, agregándole al prompt algunos elementos mas avanzados.

Simplemente increíble, y aunque no lo creas apenas hemos usado un aviso básico. Imagina lo que serás capaz de lograr con conocimientos más avanzados.

Antes de pasar al siguiente capítulo, te invito a que empieces a experimentar con estos mismos Prompts, solo hay variaciones de formato, contenido y estilo. Te recomiendo que uses Leonardo.AI o Midjourney. Y si aún no conoces estas plataformas, no se preocupe porque más adelante en este libro hablaremos sobre ellas.

Resumen del Capítulo.

Es este capítulo aprendimos que la estructura básica de un Prompt consta de tres elementos: **formato, contenido y estilo**. Y confirmamos que ordenar tu Prompt siguiendo esta estructura es crucial para lograr mejores resultados.

Solo recuerda ser claro y conciso al definir la figura principal y el contexto, asi como al eligir el estilo con el cual deseas crea tus imágenes.

Espero que esta información haya sido de valor para ti. Si lo fue, podrías dejarme una breve reseña sobre el libro, con lo cual me estarías ayudando muchisimo a que esta información llegue a muchas más personas dentro de Amazon. Te deseo mucho éxito!!!

CAPITULO III
Estructura avanzada de un Prompt.

Cuando hablamos de estructura avanzada, no nos referimos a una estructura diferente a la que vimos antes. Aquí no cambia nada, solo se añaden Modificadores un poco más avanzados y se integran Parámetros cuyo fin es mejorar aún más la Calidad de nuestras imágenes para darles un aspecto más profesional.

Modificadores

Aunque ya conocíamos y usamos algunos de ellos, habíamos dejado pendiente definir qué son y cuál es su función, pero lo haremos a continuación.

¿Qué son los Modificadores y cuál es su función en el Prompt?

Los modificadores son términos o palabras clave que agregan calidad extra a la imagen, pero no cambian sustancialmente el contenido o el estilo.

¿Qué tipos de modificadores hay?

Existe una gran variedad de modificadores, pero sin duda, los más populares son los que tienen que ver con la pintura y la fotografía. Como el plano de la imagen, la iluminación, la paleta de colores, la resolución de la imagen, el modelo de cámara o el tipo de lente. Aunque también existen modificadores más generales como las expresiones emocionales o las condiciones meteorológicas.

Ejemplos:

Plano de Imagen: Plano completa, Plano americana/Toma de tres cuartos, Primer plano, Primer plano extremo,Vista de pájaro, etc.

- Posición recomendada dentro del Prompt: Se recomienda colocarlo inmediatamente después del Formato. Ejemplo: Tome una foto de primer plano.

Iluminación: iluminación natural, iluminación de estudio, iluminación cinematográfica, iluminación volumétrica, luz estroboscópica, luz suave, luz roja, neón, iluminación cinematográfica, luz fluorescente, iluminación de claroscuro, crepúsculo, luz de estudio, soleado y nublado.

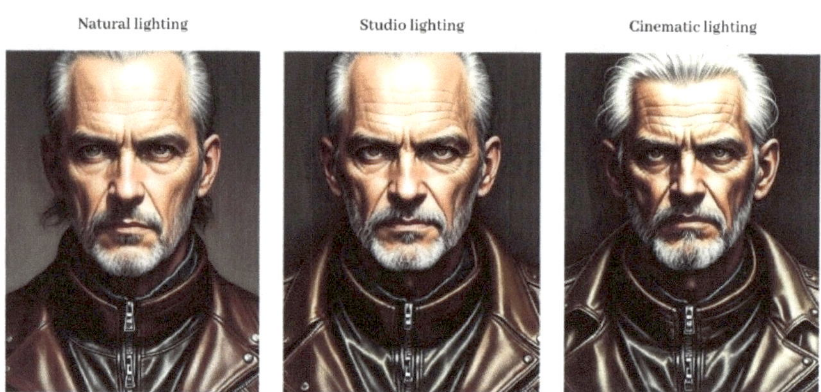

Paleta de colores. Vibrante, brillante, monocromo, blanco y negro, pastel

- Posición recomendada dentro del Prompt: Antes de la sección de contexto si se refiere a la Figura Principal, o después de esta sección si se refiere a la imagen completa.

Pastel color

Monochrome

Black and white

Resolución. Términos de resolución que puede usar: 4k, 8k, muy detallado, ultra realistas o detalles intrincados.

- Posición recomendada dentro del Prompt: Puede ubicarse antes o después de la sección Estilo.

4k resolution

8k resolution

8K max detail

Aunque muy sutiles las diferencias entre los diferentes tipos de resolucio1n son perceptibles. Sobre todo cuando se utilizan dos o más términos en un mismo prompt como vemos en la última imagen, donde utilizamos la secuencia [muy detallado][detalles intrincados][Resolución 8K].

Cámaras y lentes: en el caso de la fotografía, puede pedirle a la IA que emule un tipo de lente, cámara o distancia focal: cámara Sony a7R IV, lente Meike 85 mm F1.8, Canon 5D, DSLR, retrato de 50 mm.

- Posición recomendada dentro del Prompt: Puede colocarse al final, antes de los parámetros y el estilo, o incluso entre ellos.

Nota: Este modificador realmente no aporta mucho a las imágenes creadas con Ai. En el caso de las fotografiás el mayor aporte lo hacen los modificadores de luz, de resolución y el estilo del fotógrafo de nuestra eleccion. En el Capitulo V usted encontrará un listado de fotografos con estilos muy diversos que usted podrá utilizar en sus Prompt.

Expresión. Las emociones también pueden formar parte de la imagen, estas son las básicas: alegría, tristeza, ira, miedo, asco, sorpresa, excitación y pletórica.

- Posición recomendada dentro del Prompt: Preferiblemente de la descripción de la Figura Principal.

Parámetros.

Los parámetros son opciones que, cuando se agregan a un aviso, le permiten agregar un nivel extremo de detalle, cambiar las relaciones de aspecto de una imagen, controlar los niveles de abstracción de las imágenes y definir lo que no desea que aparezca en sus imágenes. etc.

- Posición recomendada dentro del Prompt: Los parámetros siempre se colocan entre el [Contenido] y el [Estilo] o incluso después del estilo, pero nunca dentro del contenido o antes de él.

Estos son algunos ejemplos de los parámetros más utilizados, en aplicaciones como Difusion Estable, Midjourney, Leonardo.Ai:

Aspect Ratio

--aspect or --ar Se utiliza para cambiar la relación de aspecto de la imagen.

Ejemplo: "gato dormido –ar 3:4" o –ar 16:9

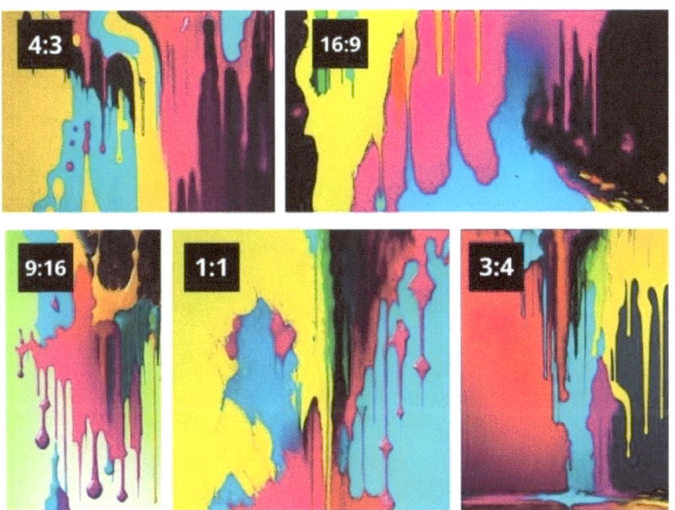

Chaos

--chaos or –c Chaos es un parámetro utilizado para controlar el nivel de abstracción de la imagen. Los valores más altos producen resultados más abstractos (rango de caos: 0 - 100)

Prompt de Ejemplo: Chica conduciendo una motocicleta –c 1 or Chica conduciendo una motocicleta –c 100

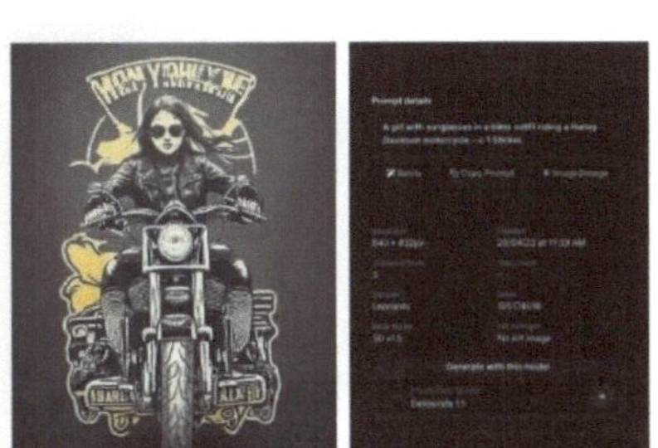

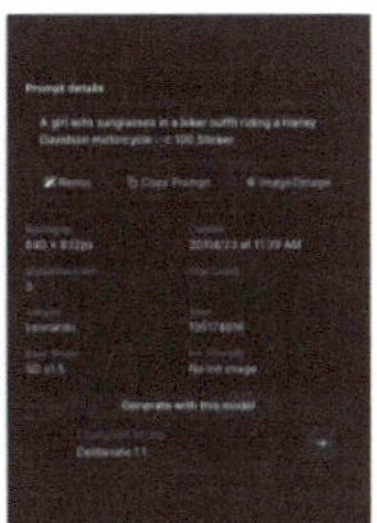

Seed

El parámetro "--seed" se utiliza para establecer una semilla aleatoria cuyo propósito es influir en el aspecto de la imagen final. Esta semilla es el número que identifica a una imagen previamente generada, y la utilizaremos como punto de partida para la generación de una nueva imagen. Con el empleo de este parámetro lo que conseguimos es que las imágenes generadas con la misma semilla sean muy similares o incluso idénticas.

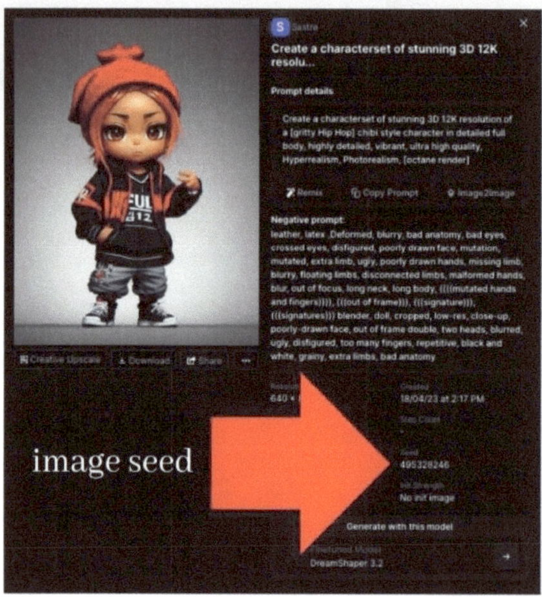

Estas fueron las imágenes generadas a partir de la semilla anterior.

Es importante señalar que usar la semilla de una imagen es similar a utilizar la propia imagen, como veremos a continuación.

El uso del parámetro "seed" permite que los resultados de la generación de la imagen sean más predecibles y estables, lo que puede ser útil para la creación de historietas, donde es necesario desarrollar varias escenas con un mismo personaje.

Quality

--quality or --q 1 o –q 25. Define cuánto tiempo deseas que la Ai emplee en la generación de la imagen. El valor predeterminado es 1 y puede llegar hasta 30. Los valores más altos cuestan más y los valores más bajos cuestan menos. Pero cuanto mayor sea el valor, mayor será también la calidad de la imagen resultante.

Promts de Ejemplo: Chevrolet camaro corriendo en una pista de carreras –q 1 or Chevrolet camaro corriendo en una pista de carreras –q 25

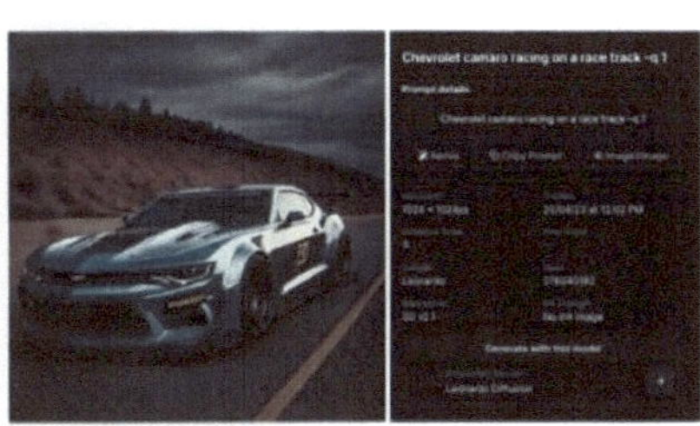

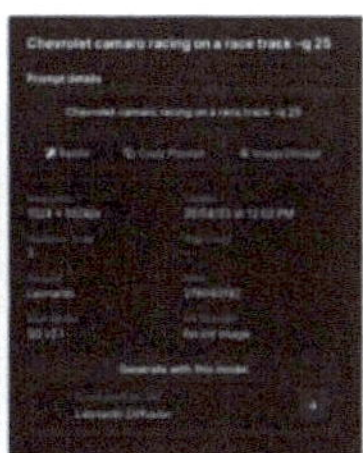

Stylize

–stylize or –s este parámetro te ayuda a establecer que tan fiel a tu indicación quieres que sea la imagen que deseas generar, asi como el nivel de detalle. Mientras mas bajo sea el valor establecido el resultado sera mas parecido al indicado en el prompt. Sin embargo, valores mas altos proporcionan imágenes mas artísticas, pero se debe ser cuidadoso porque muchas veces también generan imágenes mas abstractas.

Por defecto el valor predeterminado es 100, y puedes ampliarlo hasta 1000.

Prompts de Ejemplo: carrera de caballos en la playa –s 100 or carrera de caballos en la playa –s 1000

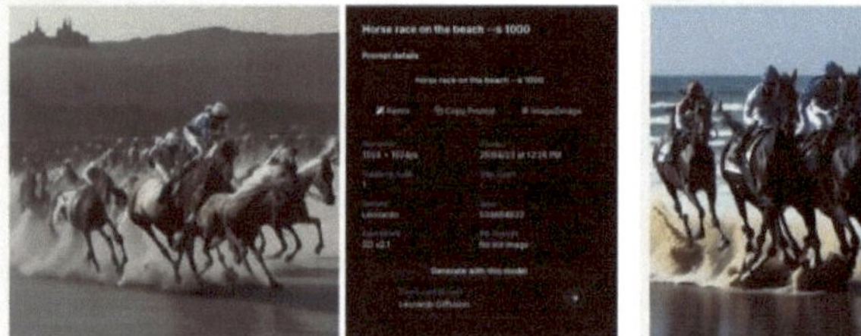

Version.

--v Este parámetro se utiliza para establecer el numero de versión de Midjourney o de Stable Diffusion con el que quieres generar tu imagen.

Ejemplo: --v 1.5 or –v 2.1 de Stable Diffusion.

No incluye

--no. En esencia esta es una indicación negativos cuya función es definir lo que no queremos que aparezca en la imagen, igual que um prompt negativo como el que vimos anteriormente. La única diferencia es que en modelos de IA como Midjourney estas indicaciones se incluyen dentro del prompt de imagen.

Prompt de Ejemplo: hermosa montaña --no arboles, lo que ponemos detrás del "—no" es lo que no queremos dentro de la imagen.

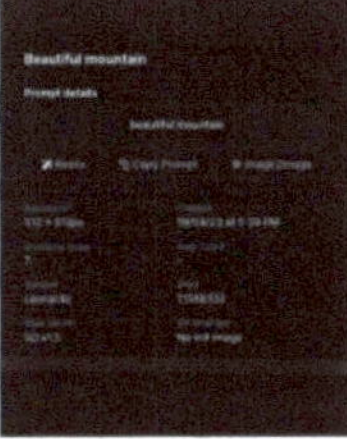

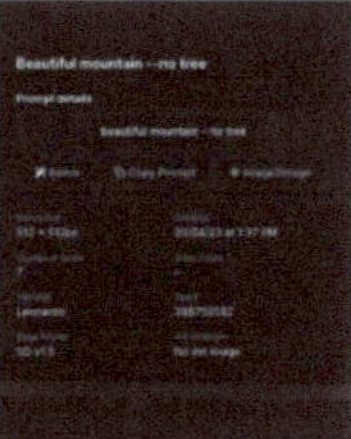

Para Stable Diffusion v1.5 podemos usar el parámetro "|" y todo lo que coloquemos después le indicará a la IA que no queremos que aparezca en la imagen.

Ejemplo: |deformidad, manos deformadas, borrosas, granulosas. O incluso podemos colocarlos así: | deformidad | manos deformes | borrosa | granulado.

En el caso de Leonardo.Ai no tenemos que incluir estos parametros en el prompt. En este caso tenemos que crear un prompt negativo que ni siquiera tenemos que separa con comas, aunque la mayoría si lo hace

Prompt negativo de ejemplo: arboles

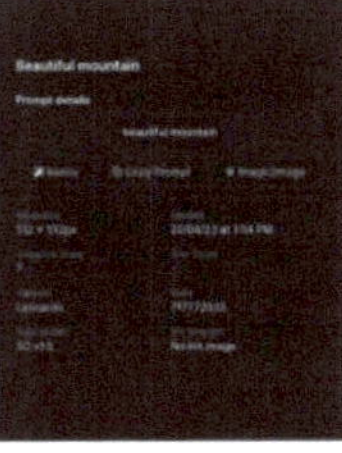

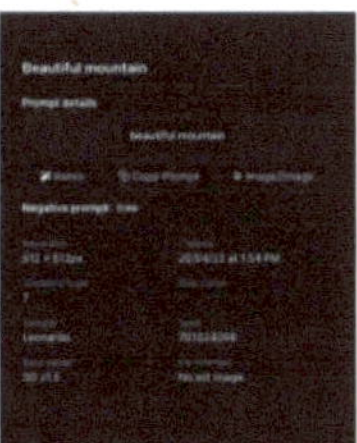

En algunas ocasiones sera necesario generar muchas imágenes, e incluso cambiar el orden o sustituir unas palabras por otras mas relevantes para construir un prompt negativo que verdaderamente cumpla su función.

Nota: Como mencioné anteriormente, en este libro le hemos dado parámetros generales que puede usar en casi todos los modelos de IA existentes. Sin embargo, debes saber que existe una gran variedad de parámetros y cada modelo de IA tiene sus propias especificaciones y métodos de configuración, por lo que te invito a que comiences a trabajar con estos para que una vez los hayas dominado, explores este tema con mayor profundidad.

Resumen del Capítulo.

La estructura avanzada no es algo completamente diferente de lo que ha aprendido antes, sino que simplemente implica agregar modificadores y parámetros para mejorar aún más la calidad de las imágenes.

Recordar que los modificadores son términos o palabras clave que agregan una calidad adicional a una imagen sin cambiar significativamente su contenido o estilo. Mientra que los parámetros, son opciones que se pueden agregar a un Prompt para cambiar las relaciones de aspecto de una imagen, controlar los niveles de abstracción de las imágenes y obtener variaciones de una misma imágen, etc.

Mi consejo para ti es que experimentes con diferentes combinaciones de modificadores y parámetros hasta qué encuentres las que mejor funcionan para ti. Y no olvide que la calidad de las imágenes dependerá en gran medida de la calidad del Prompt y del modelo de IA que esté utilizando.

Espero que esta información haya sido de valor para ti. Si lo fue, podrías dejarme una breve reseña sobre el libro, con lo cual me estarías ayudando muchisimo a que esta información llegue a muchas mas personas dentro de Amazon. Te deseo mucho exito!!!

CAPITULO IV

Modelos Generativos de IA para creación de imágenes.

Hasta aqui ya tienes toda la información que necesitas dominar para construir prompt de nivel profesional. Ahora hablemos Sobre los Modelos Generativos de IA para creación de imágenes, sus principales característica y cuales te recomiendo utilizar.

¿Que son los Modelos Generativos de IA para creación de imágenes?

Cuando hablamos de modelos generativos de IA, nos referimos a algoritmos de inteligencia artificial que pueden generar imágenes a partir de datos de entrada, sin necesidad de que un ser humano las dibuje o diseñe. Estos modelos utilizan técnicas de aprendizaje profundo para analizar y aprender patrones en conjuntos de datos de imágenes y luego generar nuevas imágenes a partir de esos patrones aprendidos.

Los modelos generativos de IA son cada vez más sofisticados y pueden producir imágenes cada vez más realistas y detalladas, lo que como habíamos comentado tiene aplicaciones en una amplia variedad de campos, como el arte, el diseño y la publicidad.

Entre los modelos modelos generativos de IA para la creación de imágenes más populares hoy en dia encontramos a DALL-E, Midjourney, Leonardo.ia y Stable Diffusion.

DALL-E por ejemplo, es un modelo que utiliza el lenguaje natural como entrada para generar imágenes complejas y detalladas. En tanto Midjourney y Leonardo.ia son modelos generativos de IA que utilizan la tecnología GAN (Redes Generativas Adversariales) para crear imágenes realistas y detalladas, los cuales han sido entrenados con grandes conjuntos de datos de imágenes para aprender patrones y luego generar nuevas imágenes a partir de esos patrones aprendidos.

En cuanto a Stable Diffusion este también es un modelo generativo de IA que utiliza el método de difusión estocástica para crear imágenes, el cual permite generar imágenes de alta calidad y alta resolución a partir de imágenes de baja resolución o datos incompletos. Además, puede controlar la calidad y el nivel de detalle de la imagen generada mediante la manipulación de los parámetros del modelo.

Este ultimo es sin lugar a dudas un modelo extraordinario pero como veremos a continuación no esta al alcance de todos.

Ahora conozcamos las Ventajas y Desventajas de cada uno de estos Modelos para decirte cuales utilizo yo y cuales te recomiendo.

Stable Diffucion

Ventajas: Es una herramienta de código abierto y su uso es completamente gratis.

Desventaja: Necesitas tener un equipo muy potente para poder instalarlo.

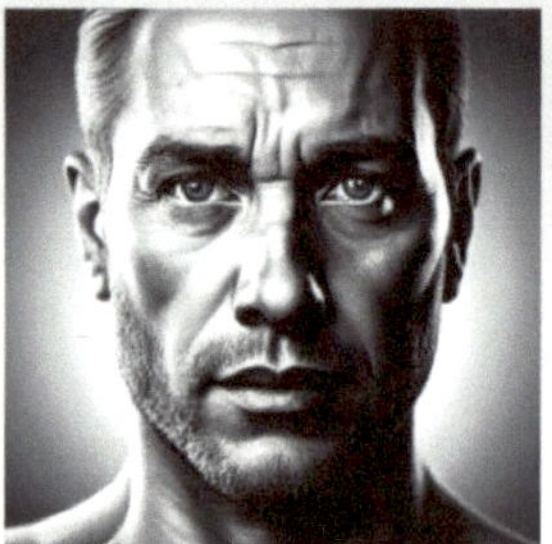

Midjourney

Ventaja: Sus principales ventajas son que puedes generar imágenes de alta calidad y fidelidad con una gran variedad de estilos y efectos visuales, así como la facilidad de uso para usuarios sin experiencia en programación.

Desventaja: La opción gratuita permite generar imágenes de forma limitada y sin derecho de uso comercial.

DALL-E

Ventaja: Su principal ventaja es la capacidad de generar imágenes complejas a partir de descripciones detalladas y específicas. Además, ofrece la posibilidad de controlar la resolución y el estilo de la imagen generada.

Desventaja: su principal desventaja es que puede tener problemas para comprender descripciones ambiguas o inexactas.

Leonardo.Ai

Ventaja: Su principal ventaja es la posibilidad de elegir el modelo que mejor se adapte a nuestras necesidades creativas, así como la facilidad de uso para usuarios sin experiencia en programación.

Desventaja: Su principal desventaja es que la calidad de las imágenes generadas puede variar significativamente dependiendo del modelo seleccionado.

Recomendadas para ti.

En mi opinión, Midjourney y Leonardo.Ai son las mejores opciones. Ya que ambos te permiten crear imágenes impresionantes incluso cuando tienes poca o ninguna experiencia usando IA. De hecho, desde la portada de este libro hasta las imágenes de su interior fueron creadas utilizando ambas herramientas.

Si aun no tienes una cuenta en Midjourney o en Leonardo.ia te recomiendo iniciar tu búsqueda en youtube ya que ahi encontraras tutoriales que explican paso a paso como registrarse en esta plataformas e incluso como comenzar a generar imágenes con ellas totalmente gratis.

Resumen del Capítulo.

Los modelos generativos de IA son algoritmos que generan imágenes a partir de datos de entrada. Estos usan técnicas de aprendizaje profundo para analizar patrones y generar nuevas imágenes. DALL-E, Midjourney, Leonardo.ia y Stable Diffusion son algunos de los modelos más populares. DALL-E utiliza lenguaje natural como entrada, Midjourney y Leonardo.ia usan tecnología GAN y Stable Diffusion usa difusión estocástica.

Cada uno de estos modelos tiene sus propias ventajas y desventajas, pero en nuestra experiencia Midjourney y Leonardo.ia son las mejores opciones para crear imágenes impresionantes sin experiencia previa.

Espero que esta información haya sido de valor para ti. Si lo fue, podrías dejarme una breve reseña sobre el libro, con lo cual me estarías ayudando muchisimo a que esta información llegue a muchas más personas dentro de Amazon. Te deseo mucho éxito!!!

CAPITULO V

Listado de Modificadores de estilo y Palabras Clave.

Palabras Clave

Cuando hablamos de palabras clave, nos referimos a palabras que van a permitirnos crear imágenes de alta calidad y fidelidad sin necesidad de entrar en descripciones demasiado prolongadas.

Ejemplos:

1. **Medio Artístico.**
   Retrato.
   Fotografi1a
   Dibujo Animado
2. **Estilo**
   Hiperrealista [Recomendado para conseguir imágenes muy detalladas y de alta resolucion.
3. **Nombres de Artistas, Celebridades y Personajes históricos o de Ficcion.**
   Pablo Piccaso, Gal Gadot, Napoleon Bonaparte
4. **Resolución.**
   Motor irreal [inagen 3D muy realista y detallada]
   Enfoque nítido [se consigue un aumento de la resolución]

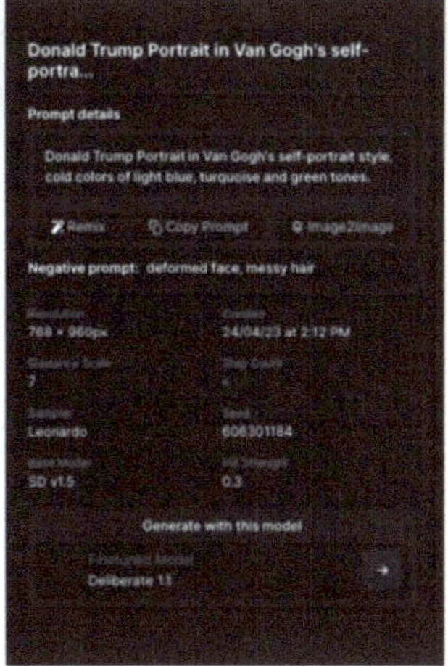

Listado de Modificadores de Estilo

Medio artistico.

Dibujo | Pintura | Grabado | Fotografía | Ilustración digital | Animación | Escultura | Graffiti | Cerámica | Vidrio soplado | Joyería | Diseño Industria |Diseño de modas |

Tecnicas artisticas.

Lapiz | Carbocillo | Tinta |Acuarela | Gouache | Oleo | Acrilico | Grabado | Splash art |Dripping |

Estilos artisticos

Renacentismo | Surrealismo | Cubismo | Expresionismo abstracto | Arte abstracto geométrico | Arte gastronómico | Pop Art | Arte urbano | Minimalismo | Art Nouveau | Diseño de moda | Diseño industrial | Realismo mágico | Impresionismo | Arte cinético | Arte digital | Arte contemporáneo | Arte conceptual | Fauvismo | Arte abstracto lírico | Arte abstracto expresionista | Arte naíf | Land Art | Arte textil

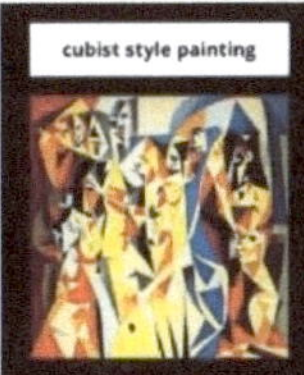

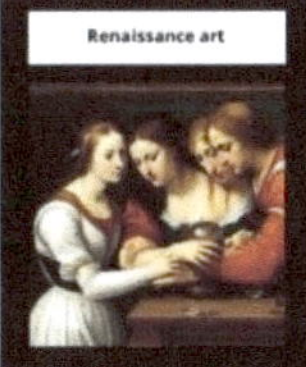

Estilos de animacion:

Animación 2D tradicional | Animación 3D | top Motion | Cut-Out Animation | Animación Flash | Motion Graphics

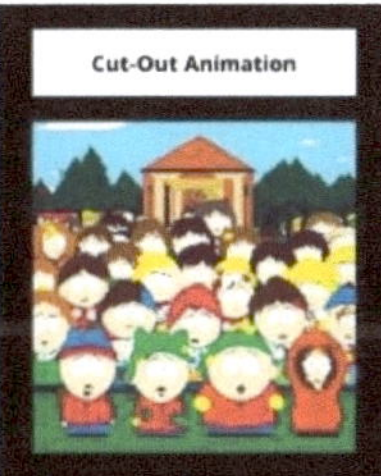

Estilo de animacion de empresas

Disney | Pixar | Studio Ghibli | DreamWorks Animation | Aardman Animations | Cartoon Network | Nickelodeon | Toei Animation | Sunrise | Rooster Teeth |Hanna Barbera.

Estilos de anime

- Ecchi Anime - Contenido con insinuaciones sexuales
- Shonen - Acción y aventura juvenil
- Shojo - Romance y drama juvenil
- Mecha - Robots gigantes
- Josei - Temas maduros femeninos
- Seinen - Temas maduros masculinos
- Magical Girl - Chicas mágicas luchando
- Cyberpunk - Futurismo y tecnología
- Gore - Contenido violento y explícito
- Harem - Un chico rodeado de chicas
- Isekai - Viajes a mundos alternativos

Estilos de artistas

Arte digital

- Beeple - Creador de arte digital y diseñador gráfico
- Joshua Davis - Artista digital y diseñador gráfico
- Rafael Lozano-Hemmer - Artista multimedia y diseñador interactivo
- Golan Levin - Artista digital y diseñador interactivo
- Olafur Eliasson - Artista multimedia y diseñador de instalaciones
- Rafael Lozano-Hemmer - Artista multimedia y diseñador interactivo
- Jon Rafman - Artista digital y cineasta experimental
- Petra Cortright - Artista digital y creador de arte en línea
- Refik Anadol - Artista digital y diseñador de instalaciones
- Zach Lieberman - Artista digital y diseñador interactivo

Pintura

- Leonardo da Vinci - Renacimiento italiano
- Michelangelo - Renacimiento italiano
- Vincent van Gogh - Postimpresionismo holandés
- Pablo Picasso - Cubismo español
- Rembrandt - Barroco holandés
- Claude Monet - Impresionismo francés
- Johannes Vermeer - Barroco holandés
- Salvador Dalí - Surrealismo español
- Diego Velázquez - Barroco español
- Sandro Botticelli - Renacimiento italiano
- Richard Hamilton - creador del arte pop

Animacion

- Walt Disney - Creador de personajes como Mickey Mouse, Donald Duck y muchos más.
- Hayao Miyazaki - Fundador de Studio Ghibli y creador de películas como "Mi Vecino Totoro" y "El Viaje de Chihiro".
- Matt Groening - Creador de "Los Simpson" y "Futurama".
- Chuck Jones - Creador de personajes como Bugs Bunny y el Coyote y el Correcaminos.
- Tex Avery - Creador de personajes como el Lobo y Droopy.
- Friz Freleng - Creador de personajes como el Pato Lucas y el Gato Silvestre.
- Osamu Tezuka - Fundador del manga moderno y creador de personajes como "Astro Boy" y "Kimba, el León Blanco".
- Max Fleischer - Creador de personajes como Betty Boop y Popeye el Marino.
- Jim Henson - Creador de los Muppets, incluyendo la Rana René y el oso Fozzie.
- William Hanna y Joseph Barbera - Fundadores de Hanna-Barbera y creadores de personajes como Tom y Jerry, Scooby-Doo y Los Picapiedra.

Graffiti

1. Banksy - Conocido por su estilo satírico y político.
2. Shepard Fairey - Conocido por sus posters de Obey Giant y por el famoso poster de Barack Obama "Hope".
3. Blu - Conocido por sus murales enormes y coloridos.
4. JR - Conocido por sus fotografías y murales de gran formato.
5. Os Gemeos - Conocidos por sus personajes coloridos y geométricos.
6. Swoon - Conocida por su arte en papel y madera.
7. Invader - Conocido por sus mosaicos de Space Invader.
8. Vhils - Conocido por sus técnicas de excavación en la pared.
9. Aryz - Conocido por sus murales detallados y coloridos.
10. D*Face - Conocido por sus murales de iconos pop y graffiti callejero.

Fotografia

1. Steve McCurry - Fotografía de retratos emocionales.
2. Annie Leibovitz - Retratos de celebridades iconicas.
3. Richard Avedon - Fotografía de moda innovadora.
4. Helmut Newton - Fotografía de moda provocativa.
5. Robert Mapplethorpe - Fotografía de desnudos controvertidos.
6. Nan Goldin - Fotografía de subculturas urbanas.
7. Cindy Sherman - Fotografía de autorretratos desafiantes.
8. Andreas Gursky - Fotografía de paisajes industriales sobrecogedores.
9. Sebastião Salgado - Fotografía documental de temática social.
10. David LaChapelle - Fotografía de moda pop surrealista.

Publicidad

1. Jules Chéret - Pionero del cartel publicitario moderno.
2. Henri de Toulouse-Lautrec - Conocido por sus carteles publicitarios de la Belle Époque.
3. Alphonse Mucha - Diseñador de carteles con estilo art nouveau.
4. Leonetto Cappiello - Revolucionario del cartel publicitario moderno.
5. Marcello Dudovich - Conocido por sus carteles de moda y turismo.

6. Edward Penfield - Destacado en la publicidad de revistas estadounidenses.
7. William H. Bradley - Pionero del diseño gráfico estadounidense.
8. Cassandre - Diseñador francés conocido por sus carteles de viajes y transporte.
9. Paul Rand - Diseñador gráfico estadounidense influyente en la publicidad moderna.
10. Milton Glaser - Diseñador gráfico estadounidense conocido por el icónico cartel "I Love

Otros modificadore que deberas conocer y dominar.

Colores

1. Monocromático: utilizando diferentes tonos de un mismo color.
2. Complementarios: utilizando colores opuestos en la rueda de color.
3. Triádico: utilizando tres colores equidistantes en la rueda de color.
4. Análogo: utilizando colores adyacentes en la rueda de color.
5. Pastel: utilizando tonos suaves y delicados.
6. Neón: utilizando colores brillantes y saturados.
7. Tono sobre tono: utilizando tonos similares de un mismo color.
8. Degradado: utilizando un mismo color en diferentes tonos y saturaciones.
9. Blanco y negro: utilizando solo los tonos blanco y negro.
10. Tonalidades tierra: utilizando colores que se encuentran en la naturaleza, como el marrón, el verde y el azul.

Tipos de iluminacion

1. Luz natural: Luz del sol o luna.
2. Luz difusa: Luz suave y uniforme.
3. Luz directa: Luz fuerte y enfocada.
4. Luz de relleno: Luz suave para llenar las sombras.
5. Luz de contraste: Luz fuerte para crear sombras duras.
6. Luz de borde: Luz lateral para destacar los bordes de un objeto.
7. Luz cenital: Luz desde arriba para crear sombras debajo de los objetos.

8. Luz de ventana: Luz suave y direccional que imita la luz que entra por una ventana.
9. Luz de escenario: Luz utilizada en teatros y espectáculos en vivo.
10. Luz de flash: Luz artificial emitida por una cámara o flash independiente.
11. Luz de estudio: Luz artificial utilizada en fotografía de estudio.
12. Luz de pantalla: Luz que ilumina un sujeto a través de una pantalla difusa.
13. Luz de calle: Luz urbana que ilumina una escena nocturna.
14. Luz de fuego: Luz emitida por el fuego o las velas.
15. Luz de neón: Luz emitida por tubos de neón.
16. Luz de láser: Luz concentrada y precisa emitida por un láser.
17. Luz de cine: Luz utilizada en la producción cinematográfica.
18. Luz de teatro: Luz utilizada en la producción teatral.
19. Luz de bajo perfil: Luz suave y baja para iluminar un objeto desde abajo.
20. Luz de acento: Luz brillante para acentuar un objeto o área específica.

Tipos de camara

1. Canon EOS Rebel T7i: Cámara réflex digital de 24.2 megapíxeles con pantalla táctil.
2. Nikon D850: Cámara réflex digital de alta resolución de 45.7 megapíxeles.
3. Sony Alpha a7 III: Cámara sin espejo de fotograma completo de 24.2 megapíxeles con enfoque automático avanzado.
4. Fujifilm X-T4: Cámara sin espejo de 26.1 megapíxeles con estabilización de imagen en el cuerpo.
5. Canon PowerShot G7 X Mark III: Cámara compacta con sensor de 1 pulgada y capacidad de grabación de video 4K.
6. Sony Cyber-shot DSC-RX100 VII: Cámara compacta de alta gama con sensor de 1 pulgada y capacidad de grabación de video 4K.
7. Nikon Z6 II: Cámara sin espejo de fotograma completo de 24.5 megapíxeles con enfoque automático mejorado.
8. Olympus OM-D E-M1 Mark III: Cámara sin espejo resistente a la intemperie de 20.4 megapíxeles con estabilización de imagen en el cuerpo.
9. Panasonic Lumix GH5: Cámara sin espejo de alta gama para videografía con capacidad de grabación de video 4K a 60 fps.

10. Canon EOS R6: Cámara sin espejo de fotograma completo de 20.1 megapíxeles con enfoque automático avanzado y capacidad de grabación de video 4K.

Tipos de lentes

1. Lente estándar: tiene una distancia focal entre 35mm y 50mm y se utiliza para capturar imágenes en un ángulo de visión similar al del ojo humano.
2. Lente gran angular: tiene una distancia focal menor a 35mm y permite capturar un campo de visión más amplio que el del ojo humano.
3. Lente teleobjetivo: tiene una distancia focal mayor a 50mm y se utiliza para acercar los objetos que están lejos, ideal para fotografía deportiva y de naturaleza.
4. Lente macro: se utiliza para fotografía de primeros planos y detalles, capturando imágenes en tamaño real o ampliadas.
5. Lente ojo de pez: tiene un ángulo de visión muy amplio, creando imágenes con distorsión y efecto curvo.
6. Lente zoom: tiene la capacidad de cambiar la distancia focal de manera variable, permitiendo acercarse o alejarse del sujeto sin tener que cambiar de lente.
7. Lente de retrato: se utiliza para fotografía de retratos, con una distancia focal entre 70mm y 135mm y una apertura amplia para desenfocar el fondo.
8. Lente de cine: diseñadas específicamente para la filmación de video, con enfoque manual y una apertura suave para cambios de enfoque durante la grabación.
9. Lente de ángulo medio: con una distancia focal entre 50mm y 70mm, es ideal para fotografía de eventos y retratos.
10. Lente de perspectiva: permite corregir la perspectiva en imágenes de arquitectura y edificios, reduciendo la distorsión vertical y horizontal.

Aspectos de la imagen

Tamaño predeterminado 1024 × 1024 px (cuadrado, relación 1:1) es el valor predeterminado de la versión actual de Midjourney

- **16:9** --ar 16:9 relación estándar actual para películas y pantallas

- **9:16** --ar 9:16 se utiliza para las primeras imágenes móviles, como las historias de Instagram o Snapchat

- **10:16** --ar 10:16 Favorito de la comunidad Midjourney para retratos

- **4:3** --ar 4:3 solía ser la relación de aspecto de las películas, televisores y monitores de celuloide de 35 mm

- **4:5** --ar 4:5 retrato de instagram

- **2:1** --ar 2:1 La relación Univisium. Introducido por Vittorio Storaro en los años 90 como un compromiso entre las pantallas de cine y las pantallas de televisión. Ahora famoso en la transmisión de video.

Detalles adicionales

1. **Textura** (por ejemplo: suave, rugoso, granulado)

2. **Tipo de material** (por ejemplo: papel, lienzo, madera)

3. **Background:** define el fondo de la imagen generada.

    - Paisajes naturales (montañas, lagos, bosques, etc.)
    - Ciudades y arquitectura urbana
    - Espacio exterior y planetas
    - Fantasía y mundos imaginarios
    - Fondos abstractos con formas y colores estilizados
    - Fondos con patrones y texturas geométricas
    - Fondos degradados con tonalidades suaves o intensas
    - Fondos con efectos de luz y sombra
    - Fondos minimalistas con formas y elementos simples
    - Fondos temáticos para eventos y festividades.

Perspectiva de la imagen

1. Perspectiva de un punto: es la perspectiva más comúnmente utilizada en la que todos los objetos de la imagen convergen en un solo punto de fuga.
2. Perspectiva de dos puntos: en esta perspectiva, los objetos de la imagen tienen dos puntos de fuga hacia donde convergen las líneas paralelas.
3. Perspectiva de tres puntos: esta perspectiva se utiliza para representar objetos o escenas desde ángulos muy elevados o bajos, y cuenta con tres puntos de fuga para crear profundidad.
4. Perspectiva cónica: también conocida como perspectiva atmosférica, se utiliza para crear una sensación de profundidad mediante la reducción del contraste y la nitidez en los objetos más alejados.
5. Perspectiva curvilínea: este tipo de perspectiva se utiliza para representar objetos o escenas curvas y cuenta con un punto de fuga central.
6. Perspectiva isométrica: este tipo de perspectiva se utiliza para representar objetos tridimensionales con todas las líneas paralelas.
7. Perspectiva de teleobjetivo: esta perspectiva se utiliza para crear una sensación de compresión y acercamiento en la imagen.
8. Perspectiva de gran angular: se utiliza para crear una sensación de expansión y ampliación en la imagen, siendo muy útil para paisajes o fotografía de arquitectura.
9. Perspectiva de ojo de pez: es una perspectiva extrema que produce una imagen con un campo de visión muy amplio y una distorsión circular en el borde.
10. Perspectiva subjetiva: se utiliza para representar la perspectiva del personaje en una escena, como si estuviera viendo la escena desde sus propios ojos.

Planos de imagen

1. Gran plano general (GPG): muestra una amplia vista del escenario o paisaje.
2. Plano general (PG): muestra un escenario o paisaje completo, pero más cercano que el GPG.

3. Plano entero (PE): muestra a una persona completa de pies a cabeza, con un poco del entorno.
4. Plano americano (PA): muestra a una persona desde la cintura hacia arriba, con un poco del entorno.
5. Primer plano (PP): muestra una parte del rostro o del cuerpo de la persona, y se enfoca en los detalles.
6. Primerísimo primer plano (PPP): muestra una parte muy específica del rostro o del cuerpo, como los ojos o la boca.
7. Plano detalle (PD): muestra un objeto, un elemento del entorno o una parte del cuerpo con mucho detalle.
8. Plano medio (PM): muestra a una persona desde la cintura hacia arriba, sin mucho del entorno.
9. Plano corto (PC): muestra a una persona desde los hombros hacia arriba, con mayor enfoque en el rostro.
10. Plano detalle extremo (PDE): muestra una parte muy específica del objeto o del cuerpo con un enfoque extremo en el detalle.

Resumen del Capitulo.

Sin lugar a dudas, el uso eficiente de modificadores y de palabras clave va a permitirnos conseguir resultados increíbles con un mínimo esfuerzo. Acá apenas te he mostrado alguno de ellos, para que puedas comenzar tu viaje con el minimo de recursos indispensables, pero existen muchos más. Por eso te invito a que continúes leyendo y aprendiendo sobre artes plástica, fotografía, y movimientos artísticos, etc, ya que este conocimiento te proveera de una gran cantidad de recursos útiles para esta tarea.

Espero que esta información haya sido util para ti. Si lo fue, podrías dejarme una breve reseña sobre el libro, con lo cual me estarías ayudando muchisimo a que esta información llegue a muchas más personas dentro de Amazon. Te deseo mucho éxito!!!

Conclusiones

En este libro, hemos hablado sobre como crear prompts efectivos para modelos de inteligencia artificial generativa como DALL-E, Stable Diffusion, Leonardo.ai y Midjourney, y hemos explorado diferentes técnicas y estrategias imprescindibles para producir imágenes verdaderamente interesantes.

Durante el proceso nuestra intención en todo momento fue acompañarte en el descubrimiento de las posibilidades ilimitadas que ofrecen este tipo de modelos de IA. Te mostramos las ventajas y desventajas de algunos de ello y te recomendamos el uso de Midjourney y Leonardo.ai, por ser fáciles de usar y por su capacidad para generar imágenes de alta calidad. También recomendamos el uso de DALL-E y Stable Diffusion, aunque requieren más conocimientos técnicos y potencia de computación.

Es importante destacar que, aunque estas herramientas son emocionantes y poderosas, también debemos ser conscientes de su uso responsable. La creación de imágenes generadas por inteligencia artificial debe ser utilizada éticamente y con precaución, y se debe respetar siempre los derechos de autor y propiedad intelectual.

"Prompt Eng" ha sido creado con el propósito de convertirse en una guía útil y emocionante para aquellos que desean sacar el máximo provecho de su creatividad con la ayuda de la inteligencia artificial. Pero en ningun caso nuestra intencion ha sido, ni será, imponer los criterios y consejos aquí recogidos como verdades absolutas e inmutables. Pues entendemos que apenas estamos comensando a entender esta nueva tecnologia. Con lo cual, el camino hasta conseguir una maestria absoluta en esta aun es muy largo.

Por último, me gustaría agradecerte a ti, por darme la oportunidad de compartir mis modestas experiencia, lo cual demuestra un constante espíritu de superación que aprecio mucho por. Solo espero sinceramente que este libro te haya proporcionado una comprensión valiosa y práctica sobre cómo crear prompts efectivos para la generación de imágenes con IA. ¡Exitos!

Sobre el Autor.

El autor de "Prompt Eng" es Antonio F. Sastre, un experto en inteligencia de negocios y liderazgo empresarial, a quien su pasión por la innovación y la resolución de problemas complejos con la ayuda de la tecnología; lo ha llevado en los últimos años a investigar a detalle todo lo relacionado con la inteligencia artificial y el procesamiento del lenguaje natural a través de la ingeniería de Prompts.

"Prompt Eng" es el resultado de años de estudio y experimentación con modelos de IA generativas, combinando el conocimiento técnico y el enfoque práctico y aplicado del autor, cuyo propósito es brindarle al lector una guía completa, práctica y accesible para comprender los fundamentos, técnicas y mejores prácticas de la ingeniería de prompts aplicada a la generación de imágenes con IA.

www.ingramcontent.com/pod-product-compliance
Lightning Source LLC
LaVergne TN
LVHW071804230826
846093LV00019B/6

* 9 7 9 8 3 9 2 8 3 1 3 6 4 *